JN418738

Kim Jeong-HO

시인 김정호

비토섬 그곳에

김정호 시집

비토섬 그곳에

Poetics 시학

■ 시인의 말

다섯 번째 마당 또한

비겁하게 살지 않으려는 몸부림이었다

그 몸부림이 세상 모든 인연마저

상처가 되었을 때

詩는 유일한 해방구였다

2009년 이른 가을 아침
金正浩

차 례

제1부 탯줄

제2부 후박나무 이파리의 노래

제3부 꽃 도둑

제4부 구포시장에서

제1부
탯줄

감자

장모님이 보내온
감자 한 포대
한동안 잊어버린 채
베란다 한쪽 구석에 두었더니
빛 그리워
새순 올랐다

새순 돋은 곳마다
푸른 상처 선명하다

그 상처 도려낸 자국
칼끝 너무 깊다

칼끝 깊을수록
속살 더욱 희다

다시 안부

한동안 잃어버린 목소리를 찾으려
고향집 전화기 암호를 풀자
수화기 저편
오죽烏竹 뒤흔드는 바람 소리에 묻혀
끊어졌다 다시 이어지는 진양조* 가락

"인자**, 이 바람 소리 멈추면
늑어매*** 이 세상사람
아닌 줄 알그라"

* 판소리에서 가장 느린 장단.
** '이제'의 전라도 및 서부 경남 사투리.
*** '네 어머니'의 전라도 사투리.

오십五十

욕심 가득 채우고
허튼 길 넘보며 살아온 날들
한 장 강물이 풍경처럼 스며들고
안개처럼 희미한 슬픔으로 뼈를 깎던
그 겨울의 마른 갈대를 어찌 잊으리
사람 같은 사람이 드문 세상
조금 알 것도 같은 나이인데
이제, 거짓 같은 아픔에
소리치지 않으리
세상 작은 잡음에
더 이상 연연하지 않으리
다시 찾아오는 늦가을
풀벌레 창문 열고 들어와 가락 치는 밤
빈 창가에 걸터앉아 고개 숙이고
세상과 야합하지 못한
그, 죗값

달게 받으리

촉석루 남강 속으로 간다

봄비 갠 퇴근길
촉석루 돌담 위에 넋을 두고 앉아
하염없이 강물을 바라본다
때마침 강을 맨발로 건너는 소소리바람
엇박자로 환을 치다
비명으로 되돌아 나오고
천수교 위 자동차 불빛
가오리연 되어 공중제비 하다
예민한 촉수 되어 강물을 더듬는다
성문 안 왕벚나무 아래 연인
그대 만난 설레임으로
가로등 불빛 등뒤에 가두고
서로의 뿌리를 찾아 나선다
그 모습 어러워 얼굴 붉어진 촉석루
빛바랜 수채화처럼 흐느적거리며
남강 속으로 걸어 들어간다

후, 사방은 고요다

탯줄

1

진주 경상대학병원 6311호 중환자실
온 몸에 탯줄 매단 장모가 누워 있다
서너 개의 생명줄도 모자란 듯
거친 호흡은 갈수록 향기를 품어 낼 수 없어
바람으로 풍화되고 싶다
오래전 장모의 장모님 아닌 어머니 뱃속
정맥과 동맥을 이은 모습 그대로
저 끈이 아니면 꿈꿀 수 없는
저 줄이 아니면 차라리 바다도 건널 수 없는
고요도 적막도 아닌
어둠 속의 어둠 꿈 속의 꿈
비상구에 환하게 잠긴 외마디 비명들만
이승과 저승의 경계를 넘나들고 있다

2

객지 나간 자식들 하나 둘
슬픈 덩어리 씹은 듯

병상 아래 하룻밤씩 누웠다
도망치듯 서둘러 둥지 찾아 떠나고
형제들은 울음도 미소도 아닌 모습으로
삼키지 못할 음료수 병만 놓고 밀려 나간다
모두 떠난 텅 빈 바람 자리
미수米壽를 바라본 장인만
연신 허방 짚으며
소주 한 병 옆구리에 꿰어 차고
밤이면 흔들리는 창가로 다가가
남겨진 탯줄 온 몸에 휘감고
자꾸 하늘을 뒤집고 있다

신목神木

전라남도 화순군 이서면 야사리에 가면 오백 살 먹은 은행나무가 있다

은행나무를 대문 바래기하고 사는 팔십삼 세 유정댁 한경화 할머니 울대가 되어 버린 목순木荀 더듬으며 말 건넨다

"아따 저 은행낭구 내가 쨰깐할 때부터 봐 왔는디. 겁나게 오래 살아붓소 아 글고 저 낭구 시상이 시끄럴라믄 우는 낭구인디랑 육이오 때도 겁나게 울어불고 삼풍백화점 붕괴 사고 대구 지하철 열차 사고 때도 징그럽게 울어부따요 어떻게 우냐면 영락없는 사람 우는 소리와 똑같아분디 울음소리가 뿌리에서 낭구가지를 타고 올라가다 내가 방문 열고 나가불면 딱 울음을 그쳐부요 저것은 그냥 낭구가 아니랑께 우리 마실과 마실 사람을 지키는 수호신이란 말이제 긍께 나도 이 나이가 되도록 병원 한 번 안 댕기고 암시랑 않고 잘 살아부요"

시방 나
세상 아무것도 볼 수 없고
너 또한 풍진 세상 바꿀 수 없으니
이제 울음 멈추고
푸른 이파리 흔들어 다오

그런 오늘
한없이 흔들리는
나我— 무無, 나무이고 싶다

유등流燈축제

촉석루를 밝히는 외등처럼
성곽城郭 위를 날리는 왕벚꽃처럼
오늘은 우리 모두 축제의 날
하늘에 보석처럼 박힌 초록별
물결 위에 내려앉아 빛나고
강을 건너는 수천의 유등
군무群舞를 추며 하늘 오른다
뜨거운 가슴 타고 흐른 강물
사랑아 그리움아
오늘밤 밤새껏 울다 웃다 지쳐
사위어가는 네 심장에 불 지펴라
부르면 부를수록 허기진 이름조차
멀미를 하면서도 돌아서면 그리운 법
오늘은 불타는 정열의 밤
강물도 뒤돌아 눕는 환희의 밤
우리 모두 어제 같은 밤은 기꺼이 반납했을 터
모두 환한 웃음으로
어둠 거절한 강을 끌고 있다

못다 그린 풍경 한 점

시 동인 모임 갔다 돌아오는 길
연산역 지하철 개찰구改札口 지나
철 이른 딸기 떨이 흥정하다
뒤돌아선 사내

연발총 파편처럼 쏟아지는
정제되지 못한 미명의 모국어母國語
비상구에 갇혀 빠져 나오지 못한다

"저 남자 필시 그러고 그런 놈일꺼야
양복은 무슨 양복
개폼으로 입고 다니겠지
어쩌면 마누라 한 번 안아 줄
힘도 없는 사내인지도 몰라
아니지, 오늘 직장에서 받은 해고통지서가
휑한 가슴 덮고 있는 것이 분명해"
그 남자

돌아서면

풍경 한 장 걸릴 것 같은

찻잔을 앞에 두고

소신공양燒身供養으로
열반을 꿈꾸었느냐

어둠 속에서 빛을 찾아 헤매야 하는
모진 운명

향기로운 분노 삭이며
몇 번씩 육신을 뒤집으며
일원세상一圓世上을 꿈꾸었구나

이른 봄날
먼지 자욱한 시집을 넘기며
음미하는 녹차 한 잔

바로, 네
향기였구나

중심 잡기

두고 간 열쇠를 찾기 위해
반 쉬기로 되돌아온 사무실
뱃속에 흐르는 강물 소리 커졌는지
직원 몇 명 때늦은 저녁을 짓고 있다
마지막 생의 몸부림은 저렇게 처절한 것일까
새끼 조기 몇 마리
붉은 바다 한가운데 파닥거리자
중심 잃은 바다를 떠받고 있는
낯익은 시집 한 권
붉어진 표정 서둘러 지운 것을 알았을까
눈치 빠른 직원 한 명
신문 속 전단지 몇 장으로 높은 탑 세운다
문득, 목구멍으로 차오르는 통점 하나
아! 그렇게 너를 아무에게나
함부로 떠나보내는 것이 아니었는데
지금까지 누구 한 사람 뜨겁게 할 수 없었던
내 시,
비로소 오늘

뜨겁게 흔들리는 세상

한 중심을 잡고 있다

관정管井

월악산* 미륵사지 가는 길
반주로 마신 맥주가 과했을까
임산부처럼 부풀어 오른 아랫배
더 이상 참을 수 없어
달리는 차 돌려 세워 놓고
논두과 계곡 사이 곧추세웠다
하얀 바닥 드러낸 계곡
이 정도쯤이야
한 번의 용트림으로
계곡과 계곡 사이를 넘겼던
한때를 되살려 보지만
아니, 이런
그림자조차 벗어나지 못하고
발 앞 110미리**
관정 안으로 빨려 들어간

---

* 경북 문경시와 충북 충주시에 위치한 산.

** 빗물이 110미터 아래로 흘러가는 데 1,100년 정도 걸리는 것에 기인하여 1,100년 전 미륵사지에서 일어난 역사적 사실을 유추함.

뿌리의 역동성이여
배설의 쾌감이여
일순간, 1,100년 전
마의태자와 덕주공주의
이룰 수 없는 사랑의 눈물에 섞여
수맥 따라 길 잡았다

봄, 단상斷想 혹은

숲

그대의 눈빛
그대의 체온도
느끼지 못했는데
덜컥, 초록 눈을 가진 아이를
잉태해 버렸어요

삐비꽃

더 이상 내 몸
털끝 하나 건들지 마라
바람조차 무거워
하염없이 흐느적거리는 몸
어느 날 갑자기 널 떠난다 해도
당신만은 꼭 기억하리라

어머니

죄송해요!
당신의 모든 것을 빼앗아버려
당신 곁으로
다시
돌아갈 수 없어요

담쟁이넝쿨

진주 관사 305, 306호
새내기 남녀 직원 입주했다는 소문에
저린 손 닮은 담쟁이넝쿨
창문에 기어올라 탐문 중이다
서로 두고 온 사랑 여전해도
여분의 사랑에조차
더 이상 버티지 못하고 허물어질
가슴 저미는 걱정 같은
그런 사랑 지금은 없고, 없어도
가장 가까운 사이, 사이
한 뼘도 안 되는 틈과 틈
사르륵 사르륵 바람 줍는 소리
스르륵 스르륵 몸 훌쩍이는 소리
벽과 벽을 마주하고
팽팽한 수 읽기가 한참인데
몸과 몸은 가까워도
사랑은 한없이 멀고, 멀더라

재산등록

결코 놓아 버릴 수 없는 불덩이다
녹슨 칼날에 떨어진 눈물이다
아니 평생 갇혀 살아야 할
거대한 감옥일지도

거리에는 빈 비닐봉지만
낡은 지폐처럼 흩날리고
밤에는 허울 같은 어둠이
오늘은 또 오늘은 그러면서
빈 배를 띄우는데
끄집어낼수록 달려 나오는
마이너스 통장
차압당한 뱃살만 해마다
채무처럼 늘어나고
생채기 같은 덩어리 뜯으며
살아갈 날들이 두려워

로또 복권방 앞에 서 있다

해운대 밤바다

모두 제자리로 돌아간 시간
헤픈 어둠 삼켜 버린 안개 사이로
지워졌다 검게 드러난 바다
달빛에 젖어 보석처럼 빛나고
바람은 시린 발끝 세워
불타버린 바다를 밤새 펴마시려
서투른 자맥질을 한다

파도는 이미 떠나 버린 사람들의
온기 어린 목소리에 젖고 싶은 것일까
그리움에 지쳐 조금씩 오열하다
불빛만 남긴 고깃배를
하나 둘 낚아채
이제 더는 잡히지 않는
침묵 속에 갇혀 있다

비토飛兎섬* 그곳에

섬은 파도 위에 떠서 사람을 찾고
밤이면 깨어나는 남겨진 사람들은
붕장어 비늘 같은 상처 꿰매며
저만큼 밀려간 섬들을 끌어당기고 있다
뭍과 섬을 연결하는 것은 바람 한 점
세상 품에서 떠나고 밀려간 것은
서로에게 견디기 어렵다는 것을
바람 불러와 파도를 깨우는
이 곳에서도 한결같구나

지금 떠난 속 쓰린 사연들이야
집착할수록 곪은 상처되어 자라지만
끝내 떠날 수 없었던 말 못할 속내는
숭어 떼 수문 열고 돌아올 때
위로받을 수 있는 것 아니었더냐
그래, 잊어버려라

---

* 사천시 서포면에 위치한 토끼가 나는 형상의 섬.

너 떠나고 또 너도 떠나고
모두 떠난 텅 빈 섬 산자락에
바람 몇 타래 불러들여

노을 한 뼘 묻어 두고 돌아섰다

선운사에서 길을 잃다

만세루 뒤편 동백나무 그늘 아래
순결한 몸 열지 못한 꽃잎
붉은 눈물 되어 흐른 잔해
한없이 서럽고
절 마당 구층 석탑
이름 모를 석공의 땀 내음과
고뇌하는 고승의 모습 서려
온몸이 사그라진다

풍경 소리 자욱한 절 앞 산책길
목탁 소리에 삐비꽃 꽃대 올리니
천년 빛으로
꽃잎 헐어 버리고
망각의 세상 헤매는
너는 누구이고
나는

또 누구인가

제2부

후박나무 이파리의 노래

후박나무 이파리의 노래

만덕산* 초선지初禪地 입구
무량의 나무, 나무들
우듬지 곧추세우고
일렬로 서서 합장을 한다
빗살 사이를 유영하는 벌레들
잎사귀 위 교전敎典 펼쳐 들고
가부좌를 틀고 있다

지금 사는 세상 사람들
몸도 마음도 모두
야위어 가는 세상에서
참 영혼 사윌 수 있더냐
홀로 갈 길 보이더냐
그래, 기꺼이 가야 할 길이라면
지나는 바람이 후박나무 이파리에
꽉꽉 눌러 쓴 경전 읽으며
마음 밭을 일구리라

---

* 전북 진안군 성수면 중길리에 위치한 산으로 원불교 성지.

지리산 상부댐

하늘과 산등을 뚫고
주름 잡힌 물길 열리면
새털구름 한 자락 베어
종이배로 띄워 놓고
사방에 해 떨어지자
붉게 물든 낙조

세상은 어둠을 열고
다시 밝아오고
출렁이는 물결은
산 하나
통째로 끌고
바다로 돌아갈 꿈
꾸는가

오월의 장미

광주 망월동 5 · 18 민주화 공원
은빛 호루라기 소리에 맞춰
빗금 햇살 행진 끝나자
장미가 성화처럼 타올랐다
아이들 손잡고 놀러온 엄마들은
풍경까지 제멋대로 헝클어 놓고
장미가 너무 예쁘게 피었다고
아이들도 장미처럼
고운 뿌리를 가졌으면 좋겠다고

매년 이맘때만 되면 깨어나는
저 붉은 꽃 꽃잎들은
80년 오월 영혼들이
푸른 그 날
노래 한 소절로 밤은 깊고 깊어
더 이상 어둠 속에 헤매지 않으려

그대에게 닿고 싶은 것이다

길 위의 길

예정된 것 하나 없는
젊은 날의 유적처럼
풍경 지워진 들판 속으로
길은 여러 갈래로 흩어졌다
너무 멀리 와 버린 탓일까
돌아갈 길은 보이지 않는다
이제, 정해진 길이 아니라도 상관없다
비음 섞인 경적을 울리며
쉼 없이 달리고 싶다
달리지 않으면 존재하지 않는 삶
살아 있다는 것은
죄다 아름답다 했는가
하지만 오랫동안 꿈꾸어 온 길은
어둠에 쓸려 저만큼 멀어지고
차창으로 스며든 맞은편 차들의 불빛조차
공복의 희미한 세상 밖으로 사라졌다
길 위에서 또
길을 잃어버렸다

꽃 진다 꽃 진다

당신은 너무 오래 살았다며
밤이면 깨어나 몸살을 앓은
어머니의 검은 가슴 위
꽃 진다

밤꽃 피어오르기 시작하면
도회지로 도망갔다 잡혀 온
이웃집 달자
수음증을 수술한 자국 위
꽃 진다 꽃 진다

키스방, 애무방, 대딸방
날마다 방마다
문지방 닳도록 넘나든 발정난 사내들
부황 뜬 허리 아래
꽃 진다 꽃이 진다

시집 한 권 팔릴 때마다 손에 쥔 것은

쥐머리 든 과자 한 봉지 값도 못하는 인세印稅
육백 원
꽃이 진다 꽃이 진다

지금, 세상 꽃들이 아프다

맨드라미꽃, 혹은

'곱다, 참 곱다'
뒷머리 쓰다듬으며
꽃씨를 받던
그, 여자

벌레 먹은 시간에도
검붉은 씨앗 쏟아지는 쪽쪽
햇발로 산화되어
한때 꽃이었던
아니. 결단코
꽃이 되길 거부했던
그, 여자

꽃이 아닌 지금
꽃으로 보인
그, 여자

어머니!

다시 비수匕首

안 돼
더 이상 다가서지 마
발자국 소리
아니, 바람 소리조차 내지 마
아직 때가 아니야
귀 씻어 내고
눈 닫아 놓고
더욱 납작 엎드려 있어야 해

둥둥둥 북소리 울리며
하늘이 열리기 시작한 날
중모리 장단에 맞춰 춤사위를 하다
어둠을 뚫고
마른번개처럼
하늘 깊숙이 스며들어
단 한 번에

끝장을 보아야 해

헤어자리*

홍정이 끝나자
몸도 언어도 저당 잡히고
칼라 의자에 앉아 있다
창밖에는 대형 포클레인
사납게 으르렁거린다
TV 화면에는 온종일
어느 유명 배우의 자살 소식에
벽장 시계를 뛰쳐나온 뻐꾸기
깃털 하나 떨어뜨리고
길 건너 저편으로 사라진다
눈꺼풀 한 겹으로 겹치는 찰나
휘파람 같은 호흡을 가진 여자
가위 춤 출 때마다
꽃잎처럼 풀풀 날리는 머리카락
앞만 보고 살아온 날들의 흔적
투명한 바닥에 뒹군다
살점처럼 아프다

---

* 부산 연산동 소재 미장원 이름.

겨울 호수

구름 한 점 들풀에 걸어 두고
그대 위한 기도 시간
부챗살로 번져오는 햇살 차마 눈부시다
푸른 물길 건너던 물수제비도
젖은 안개 한 줌
물결 위에 풀어 놓고 눕는다
이내 세상은 고요다
이제 가슴앓이는 이쯤에서 끝낼까
하지만, 그런 사랑 아직
가슴에 간직하지 못한 채
아직까지 할 일 없이 떠도는
바람 같은 것이라서
발 아래 뒹구는 나뭇잎 하나씩
제 음표를 찾아갈 쯤
호수 한가운데
산 하나 옮겨 놓고

돌아섰다

저격수

TV를 켠다
그 얼굴이 그 얼굴인 오락프로
웃기지도 않은
저질 몸 개그
(채널 돌린다)

여당의 직권상정이 어떻고
야당은 또 책임 있고 없고
(또 다른 채널, 그저 그런)

유모차, 촛불, 물대포 혹은
주가株價, 유가油價, 환율,
난 모른다
(너는 알고)

쌀 직불보조금
유가 환급금이 뭐냐는 아내
쌀 직불보조금은

양심방을 삐져나온 고스톱 밑천이고
유가 환급금은
나라에서 준 개평이라 했더니

리모컨을 들어 TV의 심장을 겨눈다

원圓

1

시작도 없고
끝도 없었다
처음부터
나 없고
너 또한 없으니
두려워하지 마라
아무것도 취하려 하지 마라

그것은 빛도
어둠도 아니었다
행복의 시작도
불행의 끝도 아니었다

아득한 것은
더욱 아득해 멀어지는
무지개 잡기 놀이
눈앞에 어른거리는 것은

허상의 그림자뿐

세상은 찰나刹那의 순간
그 찰나는
억겁億劫이 되고
억겁은
또 하나의 원이 된다

2
원은 부처님 손바닥 위
대종사님의 가슴에 있다
아니, 아니다!
내 마음의 정점頂點에 있다

그때, 비로소
세상은 다시
하나의 원이 되고
원은 또 내가 된다

그 안에 내가 들어 있다
그 속에 세상이 잠겨 있다

원은 세상
끝에서 끝으로 가는
영겁의 기다림
세상 사람들의 길이고
시작에서 다시 시작할
영원한 진리이다

3
들려 주소서
영혼이 충만해지는 그 소리를

가르쳐 주소서
진리를 깨닫는 법을

그래, 모든 경계를 허물고

피안彼岸의 세계에

이르게 하소서

선線

1

새벽 지하철을 탔다
어둠이 가시지 않은 바깥 풍경
세상은 아직 잠결에서 깨어나지 못하고
가로등 불빛만 제멋대로 헝클어졌다
모아지기를 반복한다
순환선인 수영역 지나
물먹은 볏단같이 쭉 늘어진 여자
옆자리에 짐짝처럼 몸을 던져오자
놀란 선로線路가 벌떡 일어선다

그 여자 내 어깨에 머리를 묻고
열반에 든다
아직 물기 가시지 않은 머리카락
에세* 향 가득 배어나고
무릎에서 멀리 달아난

---

* 담배 이름.

치마 속 팬티선 투명하다

지난 밤 그 선을 경계로 두고
몇 번이고 꽃이 피었다 지기를
반복했을지 모를 일

2
단추 풀린 블라우스를 여미는 젖가슴
어그러진 자세로 거수경례를 한다
가슴과 가슴 사이
가랑이와 가랑이 사이
어느 것 하나 온전히 자리를 찾지 못해
선과 선의 경계를 허문다

3
야윈 새벽달 여명을 부른다

그녀의 선 안으로

입정入定을 한다

경전經典을 읊는다

부처 되는 길
어려운 거 아니로구나

아침 그 무게로

어둠 안에서도 한참
아침 음모 내밀하더니
산자락 너머 걸려 있는
한 점 붉은 기운
가슴으로 번져 온다

죽었던 태양은 다시 살아나
또 다른 역사가 되고
아픔인 양 떠오르는 저 몸짓을 보고
사람들은 모두 아름답다
그저 아름답다고만 한다

이 순간
미움, 슬픔, 증오 그 어떤 것도
용서하지 못할 것도 없다
조각난 지난 세월

흔적조차

봄, 그 여자

벚꽃 지는 아침
빗소리 나직이 두드리며
걷는 온천천

탱탱 부은 젖가슴으로
꽃잎을 헐고 지나는
저기, 저! 여자

멀리서 바라보면
꽃잎인 듯 눈발인 듯

너인가 싶어
달려가 보니
너는, 도무지
어디에도 없고

꽃잎만
하롱거리는데

귀가

일주일마다 오가는
부산과 진주, 진주와 부산 사이
세상은 어둠에 갇히고
방마다 불빛 잠긴 지 오래
아내는 노을 서산 넘은 후
허공 속 바람을 잡는다 한참일 것이고
영화가 시보다 더 깊다는 큰아이
며칠째 단편영화 찍는다고 밤샘이다
고3인 둘째 아이
자정쯤 축 늘어진 어깨에
별 몇 개쯤 매달고 돌아올 것이다
와도 보이지 않고 가도 볼 수 없는
흔들릴수록 더 깊이 잠겨 오는 밤
오랜 동안 물줄기 끊어진 수반석水盤石
말라 비틀어져도 버릴 수 없는
외로움 덩어리 뜯으며
아직 가시지 않는
방안 온기를 품고 있다

덤

봄 끝물 무렵
허리 아래 꽃이 피지 않는다
다리 한쪽 살바람 들어 움직일 수 없다
아니, 이것은
30년 전 천형天刑의 되풀이인가

이후, 감당할 수 없는 사고로
또, 세 번*은 더 죽고 다시 살아
목을 빼며 살아온 날들은
어쩌면 바람 같은 생이라서
이제 남겨진 날들은
덤 같은 것이라고
작은 실바람에도 꽃비를 몰아
하루 또 하루 나풀나풀 살았더니
단단하게 살지 못한다는 마지막 경고였을까

---

* 차가 폐차될 정도인 세 번의 교통사고.

아침 눈떠
손끝에 닿은 그대 있을 때
앉은뱅이책상 각진 모서리 발끝에 잡힐 때
한 번의 작은 비로도 목련을 지운 봄
어김없이 다시 볼 수 있을 때

세상은 더없이 아름다워

새벽 단상斷想

베란다에는
춘란이 꽃대를 올리고
도도한 이파리 별빛이 여러워
다소곳이 고개 떨군다
깎이어 가는
세월의 아픔 속에
오늘은 또
어떤 이야기로
빈 가슴 채워야 하나
아침이 다가올수록
새벽 별 차츰
빛을 잃어 가고
주름은 하나 둘 늘어 가는데
시방
그때처럼
사위어 가는 어둠 속에
홀로, 갇혀 있다

제3부

꽃 도둑

못다 부른 이름 하나

— 바보 노무현 대통령을 보내며

밤새워 울던 부엉이
새벽 되어 뚝 그치더니
배 저어 떠났구나
그런데 어찌하여
가슴은 한없이 차갑고
눈물은 뜨거워지나

서럽도록 살아야 할 우리네 남은 생
희망은 무엇인가
분노는 무엇으로 달래 주나
또 한 차례
원죄原罪의 폭풍은 예고되고

억겁으로 가는 길
그대, 우리의 마지막
빛이 되어 남으리

대신리 고인돌*

오천년 전 빛이었던가
하늘을 뜯으며 떨어지는
별에서 태어나
보고 들은 것은 바람 소리
오직 그리운 것은 하늘과 별
지구의 뿌리를 밀어 올려
바람을 만들고
태양의 불씨를 훔쳐내
한바탕 놀아날 세상 꿈꾸었다

평생 바위가 되는 꿈꾸며
돌아누운 산기슭
검붉어진 가슴 메워 놓고
사금파리 같은 울음은
천년 또 천년
못다 쓴 전설로 살아 왔다

---

* 전남 화순군 춘양면에 소재하며 세계문화유산으로 등재.

이제 너의 울음소리
하늘 끝에 떠돌다
어둠을 뚫고, 다시
온 세상으로 울려 퍼지거든
그때 다시 우리 노래
불러다오

결손처분缺損處分

1

자꾸만 아래로 떨어지는
하늘을 보았다
때마침 불어오는 마실 나간 바람
햇살을 실어 나를 쯤
아무런 죄의식조차 없는 망나니 되어
번쩍이는 칼날은 아니지만
날카로운 펜 끝으로
네 목을 힘껏 누른다
이제 너는, 살아 있어도 죽은 목숨
평생 타인의 이름으로 살아야 된다

2

끝내 토해 낼 수 없는 사연들이야
도수 낮은 소주 몇 병으로 밤은 깊고
세상은 버릴 수 없는 팻감만 남아도는데
회전판에 판돈을 걸듯
허명을 걸어 놓고

헛된 꿈 잡으려 하지 마라

3

한때는 화려한 생활했겠지
고급 양주 마시며 춤추며
세상 사람들 조롱도 했겠지
너의 죄는 없다, 다만
낯설은 거리의 아우성 소리
들을 수 없었던 것이 죄라면 죄
이제, 그림자조차 잡지 못하는
그대의 병정놀이
밤안개는 또 무엇이더냐

유월의 향기
— 밤꽃의 유정

못비* 지난
매곡동** 사거리

실바람 움켜쥐지 못하고
가슴에 밤꽃향기 가득 매단
앞서가는 저 여자

야, 가시내야
꽃 물든 가시내야

내 모를 줄 알고
네 입으로 삼킨
저 초록 하늘
냉큼 뱉어 놓고
떠나거라

* 모를 다 낼 만큼 충분히 내리는 비.
** 광주광역시 북구 소재.

주머니론論

산은 가을이면
주머니에서
천국으로 가는 지폐*
몇 줌 꺼내 놓고
다시 뒤돌아 눕고

새는 하늘을 입어도
하늘 주머니에
아무것도 넣지 않는데

사람은 옷을 입으면
주머니에 욕망을 채우고
자본주의를 담고

* '낙엽은 천국으로 가는 지폐' 라는 말을 빌려옴.

그네

누가 네 마음
그렇게
흔들어 놓고 갔기에
빈 터에 홀로 앉아
붉은 심장 토해
달을 빗고 있나

자운영

봄비 지나고
햇살 튕겨 오르기 시작한 날
지상의 모든 벌과 나비를
내 집으로 유혹하리라

웃음

갓난아이 봉싯봉싯
어린아이는 까르륵 까르륵
아가씨들 하르륵 하르륵
그런데,
미소조차 뿌리지 못하고 지나는
저 중년의 남자

거, 누구요

술

성자聖者를 꿈꾸는 자에게는
쓸쓸한 무덤으로 향하는
독배毒杯

시인에게는
영혼을 밝히는
생명수生命水

가을 가뭄

들꽃 속울음 잦아지기 시작하자
먼지 자욱한
지붕 위 폐타이어
지고 온 길 부려 놓고
숨을 헐떡이고 있다

풍장風葬

내 몸 태워
한 줌 재가 되거든
야트막한 산에 올라
바람 속에 묻어 다오
바람과 별과 구름이 사는

주소를 찾아가고 싶어

신 논공행상 열 마당전傳

1. 여는 마당

동해바다 끝자락 소인국
한바탕 폭동 끝나고
시한내 짱꼬방까지 쌓인 눈 녹은 후
까끔에 풀꾹새 울기 시작하자
걸쭉한 잔치 열렸겠다

(검무劍舞팀 앞으로)
자, 그러면 일단 풍악을 울려라

2. 말뚝 대 말뚝

지금부터 지난 가을
폭동을 진압한 장수들에게
공신록을 나누어 줄 것이니
공신들 모두 차례로 들라

그런데 이것이 무슨 일이냐
공신들 이름은 간곳없고
왜 말뚝들만 판치느냐

(아 그렇지 말뚝 중 말뚝인 내가 무슨 힘이 있겠느냐만)
그러면 말뚝 아니 공신들 차례로 들어 보아라

3. 연지緣地장수 납신다

첫 번째 들어선 그대는
연지장수 아닌가
아니 너에게도 공적이란 것이 있다더냐
있다면 네 스스로 공적 한 번 읊어 보아라

아이고, 대감 황송해서 어쩐다요
내 비록 이번 폭동 진압에 출병한 적 없지만
수리 대감과 이웃 향리 출신 아니요

일만 있으면 수리 대감은 물론이고
상감과 직통한다
이보다 더한 전공이 필요하오

그럼, 대감과 이웃사촌 지내는 것도
공적이라면 공적이고
상감과 직통할 수 있다면
그보다 더 큰 공적
어떤 것에 비하리

4. 연학緣學장수 나도 있소

두 번째로 나설 공신 누구냐
아, 그러자 연학장수 나선다

그래, 네 전공은 또 무엇이더냐

예, 저로 말할 것 같으면
산천초목 떨게 했던 정탐 대감과 동문수학
강나루학파 아니요

또 이 난리 중
한양에서 가장 물 좋다는 강나루에서
밤마다 기생들 양팔에 끼고
고관대작들과 질펀하게 놀아 준
그 공적 만만하지 않거늘
다른 전공 필요하오 필요해

그래, 너 정말 잘났다
애오라지 같은 너에게도
공신 한자리 못 줄 이유 없구나

5. 연혈緣血장수 행차시오

모두 납작 엎드려라
세 번째 공신, 연혈장수 납신다

아니, 너는, 이 난리 중
산 넘고 물 건너
구름 따라 바람 따라 떠도는 풍운아
온 나라에 놈팡이로 소문난
너는 또 무슨 공적이란 말이냐

아이고! 대감
그런 말 하지 마소 하지 마
그러면 참말로 섭섭하오, 섭섭해
우리 아비로 말할 것 같으면
한때 소인국 법무대신이었고
우리 작은아비 또한 소인국 수리청에서
제일 잘나간다는
총무대신이었는디
그것이 다른 전공보다 더하면 더하고

업적이라면 큰 업적인디
다른 무엇이 더 필요하오

하긴, 네 말도 맞다
아니 아니다 더 이상 생각하면
내 머리통만 발정 날라
예~따
너에게도 공신자리 하나 내어 주마

6. 천하에 나 같은 공신 있소

이제 남은 공신자리 하나뿐

워메 어쩐다냐 어째
맨사댕이로 호랑이도 한 손으로 잡았다는
일당 백도 필요 없이 한 번 떴다 하면
일당 천으로 소문난

아귀찬 맹용장수
속 탄다, 속 타
(그러면 네 공적은 누가 알아 준다요)

그래 네 공적도 작은 것은 아니지만
이미 폭동은 잠재운 터
그대의 전공을 논하라면
폭풍이 다시 한 번 일어나면 모를까
지금으로선 당당 멀었다
찔구당구에 흐켠 꽃 피기 시작하면
그때 한 번 다시 보자꾸나

아 글고 유사 이래
삼 팔 광 땡 잡은 대감들 청탁 거절했다
온전하게 자리 보존하지 못한 경우 수없이 보았으니
조상 대대 내려온 문전옥답 팔아 바쳐
힘들게 얻은 이 자리 오래 오래 보전하여
판서 되고 정승 반열에 올라 사직社稷에 기록되고

세상 두 쪽 날 때까지 부귀영화 누려 볼란다

7. 특등 공신을 찾아내라

남은 공신은 한자리
여기 모인 대장군들 말 좀 하소, 말해 봐
쎄빠닥에 자물통을 채워놨나
빵도리처럼 둘러앉아 뭐하고 자빠졌냐

아무도 말 안응께 내 말하리라

일찍이 알기로는 우리 일사조 장수
그로 말할 것 같으면
소인국 이름 있는 고관대작들과 다 형님 동생 사이
또 그 이름만 들어도 보부상들은 물론이고
이웃나라 대 상단조차 벌벌 떠는
위풍당당 일사조 장수 그에게 주면 어쩔고

(하긴 내 물주이긴 헌디)

8. 네 공적은 안다마는

오늘 일은 누구에게도 발설 말라 발설하지 마
발설한 자는 대역죄로 다스려
능지처참 하리라

워메 어쩐다냐 어째
맹용장군, 도라장군 불쌍타

설워 마라 서러워 마
그대들의 전공
이 자리에서 차마 논하지 않더라도
만백성 가슴속에 남으리라

9. 네 죄를 알렸다

어쩌면, 그대들은 죄인 아닌 죄인
그대들의 죄로 말할 것 같으면

신발끈 같은 세상에 산 죄
순리를 원칙으로 살아온 죄
민심을 천심으로 알며
가난하게 살아온 죄
상관을 잘못 모시는 죄
(부하에게는 칭송받으나)
힘 있고 돈 많은
동문수학 친구 두지 못한 죄
향리 떠나온 죄
(그 중 제일 큰 죄렷다)

시방, 그 죄
어찌 다 말로 하리

10. 뒤풀이 마당

서운한 자, 억울한 자 많을 터
그렇다고 공적 있고 능력 있다고
다 공신록을 내릴 수 없는 법
세상 모든 일이
어디, 순리대로만 된다더냐

이쯤에서 공신록 수여식은 끝내고
질펀한 춤사위나 추어 보자

처용무, 포구락, 보상무, 만수무, 장생보연지무, 학무
차례로 들어 보아라

아이고 답답해서 미치겠다
춤은 모두 함께 어우러져야 제 맛인디

자 진한 독주 삼배三杯 들고

정신은 그 자리에 박아 두고
밤새 미친 듯 춤이나 추어 보자
그리고 오늘 주연이 끝나기 전 도주한 놈
내 주리를 틀 것이니

그리 알아부러

촬영 금지

결국 남겨진 것은
찰나의 순간
그 찰나는 결코
다시 돌아오거나
영원한 기억으로 머무를 수 없다

어쩌면 그 찰나에 잡힌 것은
한 점 화석化石
그것은 잡을 수 없는
지난날의 그림자

그래서
오늘 사진 촬영

끝내 거부

끝내지 못한 말
— 초대장

1

며칠째 책상 위 텃새 되어
둥지 틀고 있는 초대장 몇 장
사무실 개업한다는 동료 소식과
통성명 한 번 하지 않은
어느 시인 출판기념회 초대장
하나 같은 공통의 말 한마디
가난한 가슴 한쪽 쓸고 지나간다
"화분과 화환은 정중하게 사양합니다"
정중하다 못해 겸손해 보이지만
보이지 않는 말 한마디 비수처럼 날카롭다

2

말과 영혼이 만나면 시詩가 되지만
못다 한 말, 버리지 못한 말이 만나면
허공 속 바람집처럼 위태롭듯
둘러메친 말 한마디 얼마나 무서운 것인가
결국 우리네 일상이란

끝내, 흘러 보내지 못해 스스로 갇혀 버린 강물처럼
구겨진 웅덩이에 몸을 꾸역꾸역 밀어 넣는 것
얼마나 더 탐하며 살아야 하는가

꽃 도둑

일요일 아침
식탁 위 장미 한 송이 환하다
아내에게 무슨 꽃이냐고 묻는데
저녁 운동 갔다 오는 길
달님 구름 속에 펄럭일 때
재개발 아파트 담장 위에서
한 송이 보듬어 왔다고
서로 돌아보지 못하는 침묵의 순간
얼굴과 얼굴 사이 꽃과 밥그릇 사이
꽃잎마다 비좁도록 단절된 언어는
한참 후 묵화墨花로 피었다 지고
이미 그대는 또 하나 꽃
나는 그 꽃 가슴에 달고 살아야 하는
오늘, 당신과 나 또 다른 공범
환하게 웃고 있는 꽃잎 속에
초경처럼 부끄러운

그대 미소를 본다

텃새

어둠이 발등에 내리면
산 넘고 바다 건널
용기도 없는 것이

아직 못다 새긴 이름
하늘 끝에 사무쳐도
허공을 차고 오를
힘도 없는 것이

둥지 바꿔치기
먹이 훔쳐가기
남의 땅에
금줄 그어 놓고

쭈그려 앉아
주둥이와 주둥이 맞대고 있다

사람 사는 세상

이런 놈, 놈
아직

수두룩하다

다시 명함을 받으면서

1

수手 인사가 끝나자
경계의 눈빛 거두며 증표를 주고받는다
상대방보다 더 강하게 보이기 위해
궁서체로 포박된 이름 앞뒤
든든한 보초를 세워 놓았는지
아무리 힘을 주어도
흐트러지지 않는 이놈의 정체
기어코 비상구 없는 문 안으로
뱃살 두둑한 몸 밀어 낸다
깃털 같은 생生의 흔적
차압당하고 싶지 않아
희미한 미소만 복사하여 쥐어 준다

2

시 모임 회장 몇 자리
광역시 시인협회 이사자리 꺼내 놓고
나라에서 주는 월급에 날개 달면

근사하게 포장은 할 수 있겠지만
둥둥 떠도는 소문 베개 삼아
언제 날카로운 비수가 되어
목덜미를 겨눌지 알 수 없는 일
아직 다듬어지지 않은 삶이 두려워
모서리 없는 길을 만들고 싶은 거다
넉넉한 사람들 가슴속에 잠시 머물다
흔적 없이 지워지고 싶은 거다

※ 1~3연까지는 첫시집 『바다를 넣고 잠든다』 중 「명함을 받으면서」에서 가져옴.

제4부

구포시장에서

순천만 가는 길

그대 그리워
바다 찾아가는 길
늦은 끼니를 위해
세발낙지 한 마리 통째로
목구멍 안으로 밀어 넣는다
끈질기게 반항하는 점액질 날개들
바다로 통하는 길을
가로막는다

바다에 닿기 전
얽힌 인연 다 풀지 못했는지
몸살이 먼저 와 눕는다
더는, 길 떠나지 못하겠다
차라리 온 바다 소금기
죄다 이곳에 불러 모아
머물기로 했다
점점 멀어지는 바다
이쯤에서

그대 가슴에 묻고

돌아설까

고로쇠나무

몸에 좋다고
약이 된다고
고로쇠나무 허리에 구멍을 내고
물을 받아 마신다

잊지 마라
그것 모두
빛과 바람의 힘으로 키워 냈다
생각할지 모르지만
네 어머니 자궁 속처럼
어둡이 어둡 속에서
남몰래 키워 낸
피보다 진한

눈물이라는 것

마른하늘 번개는 치는데

한낮 마른하늘
어둠으로 녹아내리더니
두 쪽으로 갈라지는 소리 소리들
(세상을 청산하려는 벌罰인가)

뜨거운 내 심장 보시普施하면
하늘의 분노도 수그러질까

너 죽어 나 사는
네가 쓰러져야 내가 일어서는
정치가, 고위공직자, 미친 자본가들의 이미지즘들
이런 날조차 아무런 죄책감 없이
고개 들고
빛을 찾아 흔들어대는데

모든 세상일
눈 감고 한 발 물러서면
저 작은 빗방울도

빈 곳 홀로 채워진다는 것
왜 진즉 몰랐을까
그래, 더 깊이 몰려드는 나이가 되기 전
다른 죄목으로 목이 잠겨올지라도
무거운 몸 이쯤 부려 놓고
또 다른 길을 간다

노동의 가치

서고 정리가 끝난 후
퇴근 시간이 한참 지나도
모두 자리에서 일어설 줄 모른다
어둠은 노을 끝을 물고
조금씩 제자리에 터 잡기 시작하고
탁자 위 신문 낱장만
혁명군처럼 일어선다
사무실 앞 사거리
둥지를 찾아 허둥대는 차량으로 통제 불능
입 모은 직원 몇 명과 작당하고
온천천 선술집으로 향한다
바람은 아직 저대로 위세를 부릴 양
얇은 지갑 속으로 세작처럼 스며들고
갈 곳 잃은 낙엽 떼만
할 일 없이 이곳저곳 배회하는데
여리고 상처받은 사람들은 한 번쯤
이별을 말하고 싶은 법
아, 너도 어디론가

떠나고 싶은 거로구나
이런 날은 폭탄주가 아닌
막걸리 몇 잔으로
허름한 하루를 위로 받는다

어금니 뽑기

흔들릴수록 어긋난 사랑
하지만 누구인들 이렇게 오랫동안
널 팽개치고 싶었겠느냐
그럴수록 가장 나중까지 남겨져야 할
우리 사랑

오랜 세월 그런 아픔으로 깃들여졌으면
끝까지 조용히나 버틸 일이지
뿌리째 흔들어 놓고 떠나려 하면
도대체 어쩌란 말인지
이렇게 될 줄 몰랐다 하나
어쩌면 이별의 신호 몇 번씩은 진즉
우리 곁을 오갔을지 모를 일

붙잡으려 할수록 너는
질긴 악연 떨치듯
밖으로만 맴돌며
금지선 밖으로 벗어나려만 드는데

앞으로, 나
세상 질기고 단내난 것은
다, 함부로 씹지 않을 것을

맹세하노니……

이른 봄 산행

봄비 내리는 오후
금정산 고단봉 오르는 길
산새들 노랫소리
바람의 발자국도
멈추어 선 지 오래
아무리 소리쳐 불러 보아도
메아리만 귀를 메운다

뚝뚝
세상을 깨우는 빗소리에
미풍에 살랑거리는
작은 잎새들만
푸른 속삭임으로
산길 오르는
나그네의 발걸음
잡으려 하네

의문사항

한바탕 폭풍우 지난 후
퇴근길 고물상 폐품 더미 위
목 부러진 선풍기 한 대 돌고 있다
그래 지금 세상에
저렇게라도 돌지 않으면
제 힘으로 돌아가는 것이 얼마나 되겠는가

손금이 바뀌도록 비벼대고 허상의 숫자놀음으로 충성을 다짐하여 좌랑*이 되면 학생부군신위學生府君神位 면할 수 있다는데, 뽑아낸 기둥 자리마다 은빛 햇살 찰랑인다는데, 찬바람 불기 시작하면 가면무도회 주인공이 된 친구 녀석 덧칠한 화장발 보기 싫다고 비음 섞인 신음 소리 내지르더니 지금은 마등**신세지만 한때 그보다 자신이 못난 것이 무엇이냐며 선거판에 뛰어들었다 교사 아내 퇴직금 허공에 새가 되어 날아가 버린 후 스스로 새장에 갇힌 친구 녀석

* 조선시대의 관직으로 현재의 사무관(5급)에 해당.
** 마누라 등쳐 먹고 사는 백수라는 남자의 은어.

그런 요즘 한 번 내렸다 하면
망령처럼 쏟아지는 이 노한 빗줄기
돌아갈 길을 잃어버렸는지
이런 나부대다 못해 어리석은 자들
머리 위로 쏟아져 내릴 일이지
왔다 하면 바닥에 엎드려 살아가는 사람들
통째로 삼키려 하는지
남새밭 한 뼘 가슴에 품고 사는 사람들
가슴속까지 다 후비고 지나가는지
정말 모를 일

석류 속을 훔치다

떡비* 내린 출근길
관사 앞마당 석류나무 밑 지나다
밤 사이 벌어진 석류를 보고
얼굴 붉어져
하마터면 정신을 놓을 뻔했다
(도대체 무슨 생각을 했길래)

다시 고개 들어 쳐다보니
저, 저것은
태양의 혀가
흘러내린
눈물이다

아니, 아니다
부처님 심장이
녹아내린
사리舍利이다

* 가을비.

길

이 길
저 길 거닐 길
아무리 달려도
낯선 길

한 겹
두 겹 겹친 길
아무리 풀어도
풀리지 않는 길

가도 가도
보이지 않는 길
달려도 달려도
끝이 없는 길

얼마나
가고 가야

이 길의

끄트머리에 닿으려나

기지포*에서

새우처럼 등 굽은 해녀가
둥근 해를 부화하고 있다
수화처럼 어지러운 몸짓으로
거친 물살을 털어 내지만
거부하면 할수록
핏발 선 울음 꺼내 달려든 파도
그녀도 언제 한 번쯤 저렇게
속시원하게 울어본 적 있었을까
값싼 접착제로 붙인 구멍 난 잠수복
바닷물은 비수처럼 심장 속으로 저며든다
십년 전 무동력선 타고 바다에 나갔다
태풍 속에 갇혀 돌아오지 못한 지아비 대신
평생 업으로 살아온 물질
그런 바다가 죽도록 싫다며
몇 해 전 아비 묻힌 선산 팔아
도회지로 떠난 아들놈 소식 한 번 없어

* 태안군 안면읍 소재.

밤마다 전화통만 발작 나기 기다렸다
그래도 포근한 한때를 기억해 보지만
그녀 걸어온 길은 언제나 벼랑 끝
돌아갈 길은 보이지 않는데
어깨에 걸린 노을

무심히 붉다

구포시장에서

전어 한 쌈 하자는 채석이 형과
처녀 불알도 살 수 있다는*
구포시장을 탐문 중이다
개 점店 지나는 길
화장기 진한 오십대 여자
"아저씨, 개좆 서너 개만 후딱 주이소"
(서방인지 남방인지 당최, 힘을 영 못~써서)
말끝 힘없이 사그라진다

검정 비닐봉지에 담은
그것을 보듬고
구석구석 숨어 있는 욕망을 누른
둔중한 엉덩이 히죽거린다
그 여자, 사라진 후
(말복도 지났겠다)

---

* 고금란의 소설 「아름다운 숙자씨」에서 빌려옴.

개장수에게조차 눈길 주지 않는
수캐 한 녀석
붉게 충혈된 지 물건 바라보며
허파까지 차 올라온 절정의 신음 소리
못 견디겠다는 듯
바닥에 슬그머니 흘려 놓는다

시장통 죄다, 젖는다

몸 속 짐승 한 마리

가지산 온천탕
천 원짜리 지폐 한 장 먹고
누워 있는 자동 안마기
차돌처럼 단단해진 어깻죽지에
어디서 나타났을까
짐승 한 마리 꿈틀거리기 시작합니다
발끝 타고 올라 허구리를 지나자
한 마리 용 되어 뜨거운 불길 뿜어 내다가
표독한 발톱 세운 날짐승이 되어 할큅니다
몸 속은 어느새 또 다른 우주가 되었는지
산맥과 산맥을 넘나든 들짐승이 뛰어놀고
대양과 대양을 건너는 돌고래가 물질하며
온 몸을 사정없이 찍어 누릅니다

세상 모든 것은 고여 있을 때
더욱 단단해진다 했는가
발끝에서 허망의 머리끝까지
절정의 성감대, 불끈불끈 타오릅니다

생의 근원

1

수원 국세공무원 생활관 앞 잔디밭
속 텅 빈 은행나무 한 그루 있다
안간힘을 다해 외발 튕기고 서 있는
저기, 저 모습
몸 안은 칭얼거린 바람 소리 가득하다
그래도 무상한 지난날의 흔적 들여다보며
푸른 날 한때를 기억한다
가지마다 푸른 자유로
수많은 새들 키워 낸 날들 있었다
아침마다 토막 난 햇살
주섬주섬 내려앉기 시작하고
만삭의 대지 뒤척이는 날이면
조잘대는 물소리 따라
먼 바다로 돌아갈 꿈꾸었다

2

뜨거운 피 끌어 올릴 핏줄 없는

곡진 생 기록할 나이테도 없는
저 천형의 몸짓 하나

3
저것이 사랑이 아니라면
제 몸통 다 내어 주고
저렇게 환한 모습으로 서 있을 수 있을까
내가 네가 되고, 네가 내가 된다면
나 저렇게 당당한 모습으로 살아갈 수 있을까
세상은 혼자 일어설 수 있을 때
더욱 이름다워지는 법

산수유 지난 자리

잎샘 추위 지난 뒤
간들바람 쉼 없이
꽃비를 몰고 다니더니
네 땅, 내 땅 할 것 없이
병아리 부리 터지듯
산수유 끝없는 행렬 지나자
봄바람 든 아낙들 가슴
서서히 덧나기 시작하고

세상은
푸른 눈 가진 아이를
순산하였다

어떤 다비식茶毘式

여우비 지난
아스팔트
쨍강쨍강 쏟아지는
햇살 아래
민달팽이 한 마리
개미들에게
몸보신하라고
와불臥佛이 되었다

연화세계蓮花世界로 가는 길
저기로구나

시인과의 대담

상처를 어루만져 사랑과 용서로 가는 길

대담 및 정리: 김 미 선(시인)

반갑습니다. 선배님! 선배님의 내면을 차지한 시심의 보따리를 풀어 볼 수 있는 자리를 언젠가 꼭 만들어 보고 싶었습니다.

부산으로 전입 후 더욱 바쁘게 지내는 것 같은데 요즘 어떻습니까?

네, 저도 반갑습니다. 바쁘게 산다는 것은 아직 살아 있다는 증거가 아니겠습니까? 괴테는 "인간이 노력하고 바쁠수록 방황한다" 고 했습니다. 어떻게 생각하면 모순된 말 같지만 결코 모순된 표현은 아니죠. 방황한다는 것은 쓸데없는 곳을 찾아 이곳저곳 헤매며 돌아다니는 것이 아니라 더 나은 것을 찾아 모색한다는 말입니다. 현실에 안주하지 않고 끊임없이 자신에게 채찍질할 수 있고 탐구할 수 있는 자세를 말하는 것이라고 생각합니다. 진주에서 일 년 살다 부산에 오면 조금은 여유를 가지고 생활할 수 있을 것이라 기대했는데 일복은 타고난 모양입니다. 물론 바쁜 척 살아가는지 모르겠지만 아무튼 정신없이 지내고 있습니다. 그래서 시집 마무리를 하지 못하고 몇 개월 동안 가방에 넣고 다니면서 만지작거리고 있었지요.

1. 열정의 근원은 어디에서 오나

선배님은 무슨 일이든 열정적으로 하시는 것 같아요. 국세청 문우회 회장직을 오랫동안 역임하셨던 동안에도 시 창작 지도까지 하신 걸로 압니다. 2002년 등단 이후 경력으로 볼 때 5년 사이 4권이나 되는 시집을 내놓으셨고 이번 시집은 『상처 아닌 꽃은 없다』[1] 이후 2년 만 아닙니까? 공직생활 하시면서도 쉼 없이 쏟아 내는 그 열정의 비결은 무엇입니까?

시집을 많이 출간하고 안 하고가 중요한 것은 아닙니다. 얼마나 좋은 시를 내놓느냐가 관건이라고 봅니다. 실상 요즘의 등단 관례란 것이 예전의 까다롭던 등단 절차에 비하면 일부 문학지들로 인해 변칙적으로 가벼워졌다 할 수 있지요. 이

1) 네 번째 시집.(시학, 2007)

는 시대의 흐름과 함께 자연스러운 변화라 생각됩니다. 창작이란 것이 "손톱으로 바위에 글을 새기는 일"이라는 어느 작가의 표현처럼 등단했다고 해서 안주하지 않고 열정과 사명의식으로 절차탁마切磋琢磨하는 과정이라 생각합니다. 얼마나 치열하게 작품 활동을 했느냐가 곧 얼마나 시인답게 살았느냐 하는 판단 기준이 되어야 하지 않을까요?

저는 시 쓰기에 좋은 여건을 가졌다고 생각합니다. 30여 년 직장생활하는 동안 매일 한 시간씩 일찍 출근을 합니다. 물론 출근하여 시를 쓴 것은 아니지만 그만큼 남들보다 시간적 혹은 정신적으로 여유를 가질 수 있지요. 그 한 시간의 여유가 퇴근 후 또는 모든 생활에 전체적으로 연결되어 시심詩心을 키워 왔던 비결이라면 비결이겠지요.

시 창작을 하는 데 있어서는 매일 그렇게 많은 시간이 필요한 것은 아닙니다. 항상 가까운 주위나 호주머니에 메모지와 필기구를 준비해 놓았다가 생각날 때마다 메모하는 습관이 중요하다고 봅니다. 어떤 때는 꿈을 꾸다가도 벌떡 일어나 메모를 해 놓고 다시 잡니다.(웃음) 하지만 저도 시집을 낼 때마다 여물지 못한 채 세상에 꺼내 놓은 것 같아 깊은 자책과 부끄러움을 가지고 있습니다. 그 부끄러움을 덮기 위해 더욱 열심히 하고 있는지도 모르죠. 아직 많이 부족합니다. 더욱 좋은 시를 쓰도록 노력해야지요.

2. 고정관념을 허물다

숫자를 다루는 공무원이라는 직업과 시인은 왠지 어울리지 않을 것 같은 선입견이 있습니다. 선배님께서 처음 시를 쓰게 된 계기는 무엇이며 삶의 바탕이 되는 직업은 시적 세계를 구축해 가는 데 어떤 영향을 주는지 말씀해 주십시오.

직장생활한 지 30년이 되어 가는데 계속 숫자와 관련된 직장에 있었습니다. 숫자와 관련된 분야에 오래 근무할수록 이성理性은 발달되나 감성感性은 무디어지는 것은 사실입니다. 그러나 이런 말도 있죠? "낚시는 한가한 일이지만 생살여탈권을 쥐고 있으며, 바둑은 맑은 놀이지만 전쟁의 마음이 꿈틀거린다." 어떻게 보면 세상에 숫자만큼이나 부드럽고 감성적인 언어는 없다고 봅니다. 세상을 단순하게 이것 아니면 저것이라는 식의 이분법으로만 보면 안 된다는 거죠. 시심詩心만 놓지 않는다면 자신이 하는 일과 시 쓰기와는 크게 상관없다고 봅니다.

지금 세상은 지식기반을 바탕으로 하는 글로벌 시대입니다. 옛 우리 선배들이 그랬듯이, 매일 술잔이나 앞에 놓고 주점이나 다방에서 시대를 탓하며 풍류를 즐기며 살아간다면 시대에 뒤떨어지는 사람으로 누구에게도 대접받지 못합니다. 지금 시대가 시만 쓴다고 대접받고 사는 세상은 아니죠. 간혹 남들에게 인정받는다 하더라도 가족들의 입장에서 보면 환영할 만한 일은 결코 아니라고 생각합니다.

현재 우리 직장 내에만 해도 10여 명의 등단 시인이 활동하고 있고 이중 이름만 거론해도 알 수 있는 지명도 있는 시인도 몇 분 있고요, 또 문학 동호인도 천여 명이 넘습니다. 매년 가을에 문학 동호회를 가지는데 정호승, 안도현 시인 등 지명도 있는 시인을 초청하여 강연도 듣고 시심을 키우고 서로 격려하면서 열심히 하고 있습니다.

저 같은 경우는 직장에서 발간되는 월간 잡지에 1984년부터 발표를 하기 시작했습니다. 그러던 중 2000년도인가 외부 기관에 나갔다 사무실에 복귀하여 보니 마침 직장 내 '문예대전' 원고 마감 날이더군요. 그래서 그 동안 써 놓았던 시를 정리하여 다섯 편의 작품을 출품하였는데, 당시 심사위원으로 오신 류명선 시인(現 국제펜클럽 한국본부 부산지역 위원회장)으로부터 정식으로 시를 써 보라는 제의를 받고 그때부터 본격적으로 시를 쓰기 시작했습니다.

3. 열정만으로 시를 쓸 수 있는가

영국의 시인이자 평론가인 벤 존슨Ben Jonson(1572~1637)은 시인이란 태어나기도 하면서 만들어지기도 한다고 했습니다만 선배님께서는 열정과 의욕만으로 시를 쓸 수 있다고 보시는지요? 벤 존슨의 말을 빌려 볼 때 자신의 문학적 자질은 타고난 것과 만들어졌다고 보는 것 중, 어느 쪽에 더 비중을 두시는지요?

부끄럽고 건방진 이야기로 들릴지 모르지만 등단하기 전까지 집에 시집 한 권 없었습니다. 또 학교 교과서에서 배운 시를 제외하고는 시를 읽어 볼 기회도 없었습니다. 다만 제가 방황하는 시기에 매일 일기를 쓰면서 가끔 시 형태의 글을 일기장에 기록해 놓았던 것이 지금까지 발표했던 시의 밑거름이 되었습니다.

또 제 고향은 탄광촌으로 유명한 전라도 화순이지요.(물론 화순탄광 반대쪽에 있어 탄광촌하고는 무관하지만) 어렸을 때 눈으로 본 것들과 그곳에서 생활한 고향의 모든 것이 시적 소재였습니다. 물론 시골에서 성장했다고 해서 예민한 감수성을 가진다고는 볼 수 없지만 유년에 시골에서 성장할 수 있었던 것이 지금의 서정시를 쓸 수 있는 밑바탕이 되지 않았나 생각합니다.

또 저는 육남매 중 막내로 태어났습니다. 큰누님과는 나이 차가 많이 나서 일찍 결혼한 누님과 생활할 수 있는 기회가 많았는데 당시 시골 환경이 다 그렇겠지만 잡지나 책 한 권 사 볼 엄두도 내지 못했죠. 하지만 저와 나이 차가 얼마 나지 않는 조카들을 주려고 사 놓게 된 책은 조카들보다 먼저 제 차지가 되었습니다. 방학의 유일한 낙은 누나 집에 가서 그러한 문학전집이나 위인전집을 몇 번씩 읽는 것이었습니다.

그때의 경험이 제 자신도 모르게 문학적 성향으로 바뀌지 않았나 생각합니다. 그 덕분에 공부는 잘하지 못했어도 백일장대회에 나가 여러 번 상을 받게 되었어요. 초등학교 5학년 때인가 호남예술제에 나가 초등부 최우수상을 받았는데 그때 아! 나도 글재주가 조금 있기는 있구나 하고 혼자 생각했죠. (웃음)

4. 추구하는 시적 향방은 무엇인가

선배님의 이번 시집 역시 서정성을 밑바탕에 두었지만 세계와 대립하고 갈등하며 주관적인 세계만이 아닌 객관적인 세계의 표출로 다른 방향으로의 모색을 시도한 듯합니다. 「신 논공행상 열 마당전」, 「저격수」 라든가 종교관을 통한 삶의 철학이 "정해진 길이 아니어도/ 쉼 없이 달리고 싶다"는 「길 위의 길」, 「원」, 「후박나무 이파리의 노래」, 「찻 잔을 앞에 두고」 등에 투영되어 있는데요, 이번 시집을 간단하게 소개해 주셨으면 합니다.

한 권의 시집으로 만들어져 세상 속으로 날아간 시는 이미 내 것이 아니지요. 그래서 제가 어떻게 독자들에게 호응을 받을 수 있느냐 없느냐는 내 몫이 아닌 독자의 몫이죠. 모든 시인들도 마찬가지겠지만 저는 제가 지은 시는 몇 번씩 반복해서 읽습니다. 그리고 정말 세상에 내놓아도 부끄럽지 않다고 생각할 때 시를 발표합니다. 글은 다듬을수록 빛이 난다고 했습니다. 남들이 보면 다작이라고 할 수 있을지 모르지만 저는 결코 그렇게 생각하지 않습니다. 저 또한 수없이 쓰고 읽고 다듬은 다음에 세상에 내놓습니다. 그래서 이번 시집 또한 많이 부족하지만 부끄럽지만은 않을 것입니다.

이번 시집의 특징 또한 지난번과 유사한 시풍이라고 볼 수 있습니다. 다만 「저격수」, 「신 논공행상 열 마당전」 등과 같은 풍자시와 「후박나무 이파리의 노래」, 「원」 등 같은 종교시를 조금 써 보았습니다. 하지만 독자들이 어떻게 평가할지 몰라 두렵습니다. 결코 아름답고 현란한 언어로 독자들을 기만하지는 않을 것입니다. 또 자신만의 언어로 시를 내 가슴속에 가두어 놓지 않을 것이며 날카로운 시의 부리로 세상의 가렵고 어두운 부분을 쪼아 독자의 답답한 가슴을 조금이라도 시원하고 따뜻하게 해줄 수 있었으면 좋겠습니다.

5. 시인은 사색가나 혁명가가 아니다

평론가 김재홍은 시인을 이 시대의 곡비哭婢라 했지요. 이러한 의미와 선배님의 의도가 일맥상통한다 할 수 있겠네요. 시인은 뭇사람을 대신해 시대의 아픔을 통곡하고 울어 주는 사람이라 했는데 「신 논공행상 열 마당전」, 「저격수」 등에서 보여 주는 풍자적인 성격은 과감한 시도인 것 같습니다. 공직자 입장에서 저격당할 위험성은 없는 것인지요.(웃음)

이번의 시도는 천편일률적인 틀에서 벗어나고 싶었습니다. 또 지난 여름 고향 친구 집에 놀러 갔었는데 대학교에 다니는 친구 아들 녀석에게 혼난 적이 있어요. 시인이 너무 "시대에 무책임하게 현실에 안주하며 산다"는 것이죠. 물론 새로운 세상에 눈뜬 젊은 혈기로 보면 제가 비겁해 보일 수도 있겠죠. 틀린 말은 아닐 것입니다. 하지만 시인은 투철한 사색가나 혁명가도 아닙니다. 시인은 위대하기보다는 절실하기를 원하며, 시범자이기에 앞서 다른 사람과 똑같은 공감자입니다. 정치가처럼 시대의 선두에 선 사람도 아닙니다. 정말 비겁하다고 생각할지는 모르지만 시대의 방관자처럼 살아 왔습니다. 꼭 공직자의 신분 때문만이 아닙니다. 미진한 정치력이나 사회의 부조화에 말려들기 싫어서가 결코 아닙니다. 아니 어쩌면 지금의 세상에 더 이상 희망을 보지 못했기 때문인지도 모릅니다.

다만 이번 몇 편의 시에서 나타났듯이 우리 사회가 아직도 지연, 혈연, 학연 그리고 자본력에 따라 신분이 변하는 그러한 모순을 지적하고 싶었을 뿐입니다. 모든 것을 버리고 낮게 엎드려 살고 싶습니다. 더 이상 욕심도 미련도 없습니다. 이후에도 높은 곳을 지향하며 살고 싶지는 않습니다. 김 시인이 걱정하신 것 같은 일은 지금은 시대가 변한 만큼, 이런 정도의 비판이나 참여시에 대해 신분상 어떤 영향을 줄 정도로 나약한 시대는 결코 아니라고 봅니다. 걱정 안 하셔도 될 것입니다.(웃음)

6. 때로는 초월하며 가리

몸도 마음도 모두
야위어 가는 세상에서
(…)
그래, 기꺼이 가야 할 길이라면
지나는 바람이 후박나무 이파리에
꽉꽉 눌러 쓴 경전 읽으며
마음 밭을 일구리라

—「후박나무 이파리의 노래」 부분

하늘의 뜻을 알아 그에 순응하고 하늘이 만물에 부여한 원리를 깨달아 성인聖人의 경지에 들어섰음을 의미하는 지천명의 「오십」이라는 시와 위의 시는 우연의 일치인가요. 아니면 종교관을 의식하고 쓰신 것인가요?

글쎄요. 이전까지는 종교를 의식하고 시를 쓴 적은 없습니다. 모든 시인은 꼭 종교인이 아니더라도 종교를 가진 마음으로 시를 쓰지 않을까 생각합니다. 다만 저도 일 년 전부터 마음 공부를 하고 있습니다만 물질문명이 극도로 발달된 새 시대에는 과거 종교의 교법만으로는 모든 중생을 원만하게 낙원 세계로 인도하기는 어렵다고 봅니다. 사람의 욕심은 한이 없는 것입니다. 이 한없는 욕심을 채우려면 하지 말아야 할 일도 해야 하고, 해야 할 일은 반드시 실행할 수 있는 정신력이 물질에 선행되는 사람이 되어야 하는 것입니다.

과거의 종교들이 종교적 진리로 모든 것을 판단하려는 경향이 있지만 지금의 종교는 누구나 하면 할 수 있는 사실에 맞는 훈련으로써 주객이 전도된 정신의 힘과 물질의 힘을 바로 세워, 파란고해의 바다를 건너야 그곳에 광대 무량한 낙원 세계가 있는 것이죠. 무난한 종교인이 되려면 신앙에 치우치지 않아야 할 것이며, 수행에도 치우치지 않아야 신앙과 수행을 병행할 수 있습니다. 이러한 마음공부는 삼세의 모든 부처님이 깨달으신 진리이며, 모든 성현들이 이미 깨치신 내용이며 우리들의 본래 마음도 진리와 하나인 성품으로 깨달으면 부처요 깨닫지 못하면 불성인 것입니다. 그러므로 진리를 멀리서 찾지 말고 나에게서 나의 마음에서 찾아야 합니다.

이 세상에는 이름 없는 것도 하나도 없고 똑같은 물건도 없으며 물은 물이고 산은 산이라 온 우주가 있는 그대로 눈앞에 나타나 있는 것으로 시비와 이해를 판단하여 지은 대로 받게 되는 인과의 이치를 믿고 깨달아서, 우주만유를 통하여 언제나 어디서나 항상 선업善業은 짓고 악업惡業은 짓지 않도록 마음을 사용하는 공부를 하고 있습니다. 그러한 면에서 보면 시 쓰는 것과 마음공부하는 종교의 진리는 동일체가 아닌가 생각합니다.

7. 인생관에 비치는 대쪽 같은 삶

밤에는 허울 같은 어둠이
오늘은 또 오늘은 그러면서
빈 배를 띄우는데
끄집어낼수록 달려 나오는
마이너스 통장
차압당한 뱃살만 해마다
채무처럼 늘어나고
생채기 같은 덩어리 뜯으며
살아갈 날들이 두려워

—「재산등록」 부분

동인 모임에서 발표했던 선배님의 시, 위의 시는 평소 제가 보고 느꼈던 선배님의 생활상이 그대로 투영된 것 같습니다. 일반적 관점으로는 30년 동안 세무공무원을 했다면 굉장히 부자일 것이라는 추측도 하게 되던데(웃음) 오랫동안 선배님을 지켜본 바에 의하면 너무 강직한 신념으로 사시는 것 같습니다. 후회될 때는 없으신가요?

사람들이 그렇게 생각하는 것은 구시대적인 사고죠. 또 고위직을 포함한 극히 일부 몇 명의 직원 문제가 마치 전체 조직의 일로 매도되기 때문입니다. 심지어 아내마저 그런 말을 해요. 남들은 우리가 부자이고 아무 돈 걱정 없이 살 것이라고 한다는데 정작 자신은 단 십만 원이라도 한 번 받아 봤으면 억울하지 않겠다고 합니다. 저뿐만 아니라 대부분의 직원들은 다른 공직자들보다 더욱 엄격한 도덕정신으로 무장되어 있습니다. 이렇게 생각해 보십시오. 모든 운전자가 다 교통신호를 위반하는 것은 아니지 않습니까? 대부분의 운전자는 규정된 법규를 잘 지키고 모범 운전을 하고 있습니다. 제 직장뿐만 아니라 모든 공직자도 마찬가지일 것입니다. 가난은 조금 불편할 뿐입니다. 공직자로서 가난하다는 것은 부끄러운 것이 아니라고 생각합니다.

모든 것에 다 만족하며 살 수는 없는 것 아닙니까? 부족하고 힘들지만 검소하고 겸허한 마음으로 살아야지요. 그래도 이렇게 시심이라도 가지고 살 수 있으니 부자 중에 부자지요.(웃음)

8. 시는 만물의 어머니

시의 정의란 무엇입니까?

시인 네루다는 "세상에서 가장 어리석은 질문이 시를 정의하는 일"이라고 했습니다. 그럼에도 불구하고 많은 시인들과 독자들은 어리석은 일을 저지르는 데 동참하려고 합니다. 혹자는 시는 "허기진 사람에게 약동하는 그 무엇"이라고 하고 또 어떤 시인은 "가난하지만 평화로운 내음, 초가집 굴뚝에서 피어오르는 저녁연기" 같은 것이라고 말하기도 합니다. 또 어떤 이는 "시는 없다"라고 말하기도 합니다. 모두 맞는 말일 수도 있고 틀린 말일 수도 있습니다.

저 역시 시가 어떻다고 정의하고 싶지는 않지만 제가 생각하는 시란 상처를 어루만져 다시 태어나게 하는 만물의 어머니라고 말씀드리고 싶습니다. 저에게 시는 아플 때는 따뜻하게 안아주는 어머니였고, 상처가 났을 때는 상처를 꿰매 주는 의사였습니다. 그리고 외롭거나 쓸쓸할 때는 마음의 고향이었습니다. 만약 저에게 시마저 없었다면 정말 사회적 실패자가 되었고 마음을 닫고 살았을지도 모르겠습니다. 그래서 저에게 시는 '상처를 어루만져 다시 태어나게 하는 만물의 어머니'라고 말씀드리고 싶습니다.

9. 고통과 상처는 시가 되고……

앞에 발표하신 시집들도 그렇고 선배님 시의 서정적 배경에는 특히 고향이나 상처, 아픔에 대한 시가 많은데 특별한 영향을 미친 아픈 상처가 있으신 건가요?

우리네 삶이란 눈에 보이는 것보다 보이지 않는 것이 더 깊고 아름다운 향기를 품어 낼 수 있지만 또 그만큼 보이지 않는 상처가 깊은 사람도 많습니다. 그렇게 보면 저는 후자 쪽 있데요. 저는 시를 쓸 때 아픔, 상처, 또 분노가 일 때 시적 역량이 발휘되는 것 같습니다. 그러한 예는 우리 주위나 옛 문인들에게 수없이 보아 오지 않았습니까? 적절한 비유가 될지 모르겠지만 참된 창작은 고통과 상처 속에서 이루어진다 해도 과언은 아닐 것입니다. 위항은 초사 일흔여섯 권을 저술하고 심혈이 막혀 죽었고, 사마천은 절망하면서 깨달음을 낳았으며 깨달음은 『사기열전』의 인물들을 살아 움직이게 하는 피와 살이 되었습니다. 또한 도연명, 안연지와 함께 산수 전원시의 3신神이라 했던 사령운은 반일 동안 백 편의 시를 지으며 이 열두 개가 빠지는 고통을 겪었습니다. 극단적인 표현일지 모르겠지만 고통과 상처는 '싹을 틔우게 하고 파도를 일으키는 내면의 힘' 이 될 수 있는 것입니다. 오죽했으면 이지는 "분노나 상처 없이 지은 글은 춥지도 않은데 떨고, 아프지도 않은데 신음하는 격이니, 지은들 무어 볼 게 있으랴" 했을까요.

고등학교 2학년 때 야구를 하다 허리를 다쳐 오른쪽 다리가 사 년 동안 마비되었습니다. 한때 모든 것을 포기할 결심까지 할 정도였습니다. 또 그 와중에 80년 5월 광주의 현장에서 모든 것을 경험했습니다. 그때의 정신적인 충격은 30년이 지난 지금도 완전하게 잊혀지지 않습니다. 그리고 승용차가 거의 완파될 정도의 세 번의 교통사고를 당했는데 그때마다 천운이었는지 털끝 하나 다치지 않았습니다. 그래서 아직은 내가 이 사회를 위해 조그마한 힘이나마 열심히 일할 수 있도록 기회를 다시 준 것으로 생각하고 항상 감사하는 마음으로 살려고 노력합니다. 벌써 몇 번에 걸쳐 이승과 저승의 경계에서 본 사람으로 세상을 아프지 않고 겸손하게 살지 못한다면 그것은 사람의 도리가 아니죠. 그래서 이러한 상처나 아픔 또 분노는 내일을 살아 보라는 속삭임이요, 파도와 같은 힘을 일으키는 내면의 힘이 되어 지금까지 저를 지탱해 주었습니다. 그런 면에서 보면 상처나 아픔조차 저에게는 가장 큰 스승이자 비겁하게 살지 않으려는 몸부림일지도 모르겠습니다. 하지만 세상 무엇보다도 중요한 것은 '사랑과 용서' 이지요. 결국 이 모든 것은 그 길을 찾아가기 위해 그 동안 아픔과 상처를 극복할 수 있지 않았나 생각합니다.

10. 시인이 들여다본 시단의 행태行態

선배님도 아시겠지만 요즘 우리 시단詩壇이 너무 어지럽지요.

후배인 저로서는 문단을 알면 알수록 정말 실망스럽습니다. 눈높이가 좀 더 높은 곳에 계신 선배님께서 현 시단詩壇의 풍조에 대해 한 말씀해 주셨으면 합니다.

시가 권력화되어 가고, 시인이 되는 것이 무슨 자격증처럼 여기는 시대입니다. 한두 편의 시로 등단하여 이름만 시인, 무늬만 시인으로 평생을 살아가는 사람이 많습니다. 어떤 사업적 목적이나 사회적 위치를 모색하기 위해 시인 명함을 원하는 사람도 수없이 보아 왔습니다. 또 선배 대접만 바라고 평생 시 한 편 쓰지 않는 시인들도 수없이 많습니다. 또한 형체도 없는 잡지사나 출판사를 만들어 놓고, 자격도 없는 사람을 등단 시켜주고 마치 교주처럼 행동하는 몇 몇 시인의 행태를 보면서 저 역시 지금이라도 시단을 떠나고 싶을 뿐입니다. 동인끼리 이름도 거창한 ○○문학상, ○○문학상을 만들어 놓고 자기들끼리 돌아가며 받으면서 이력에 훈장처럼 기재하는 시인들도 수없이 보아 왔습니다. 조금의 부끄러움이나 양심의 가책도 없이 어떻게 시인이 되었는지 또 그런 마음으로 시를 쓸 수 있는 것인지 내 자신이 시인이라는 것이 부끄럽습니다.

소위 세상 속에서 있어야 할 '꾼' 들이 우리 시단에 너무 만연합니다. 이런 원인은 요즘 시인이 되고 작가가 되는 것이 컴퓨터 자격증 따는 것보다 더 쉬운 일이 된 것과 일부 문학지의 미달된 의식구조 때문이기도 하지요. 또한 어느 정도 이름이 알려진 시인들도 신문이나 출판사를 찾아다니며 얼굴을 대문짝만하게 드러내기도 하고, 더러는 평론가들을 동원하여 작품을 우호적으로 대변해 주는 일명 '주례사 비평' 으로 만연한 세상입니다. 평생 시는 쓰지 않고 명예욕이나 자리 보존으로 부족한 시인의 위치를 높이려 하는 자들도 수없이 보았습니다. 시인 모임의 장을 뽑는 데에도 국회의원이나 소위 일반 사회에서 하는 위정자들의 행동과 하나도 다르지 않다는 것을 수없이 보았습니다.

시인은 명예도, 권력도 더구나 달고 다니는 액세서리가 아닙니다. 정말 모두 자중하고 또 자중해야 합니다. 하지만 이렇게 절망하면서도 시단을 떠날 수 없는 것은 시를 통해 스스로 삶을 아름답게 긍정할 수 있고 부끄러운 모습으로 살지 않으려는 제 삶의 방식인지도 모르겠습니다. 사실 그래서 요즘은 동호인 모임을 제외한 전체 시인 모임은 잘 나가지 않습니다.

11. 탐석은 시적 울림을 향한 수행

시 이외의 특별한 취미가 있다고 들었는데 선배님의 마음을 이끌어주는 취미에 대해 말씀해 주십시오.

시를 쓰기 전에 20년 간 탐석을 다녔습니다. 흔히 '수석' 은 '난' 과 함께 취미 중의 최고라고 말합니다. 저는 탐석 활동을 통해 시적 내공을 쌓을 수 있었다고 말할 수 있습니다.

수석壽石은 그냥 돌이 아닙니다. 탐석은 추억과 추상되는 삼라만상의 온갖 사물과 자연의 정경을 연상시키는 선택된 돌이고 변화의 조화미造化美와 안정 속의 약동미躍動美 또한 여인의 곡선미曲線美가 있어야 합니다. 그래서 수석은 한 폭의 그림이 되고 상상의 나래 속으로 애석가로 하여금 시인詩人이 되도록 합니다. 어떻게 보면 수석을 통해 저는 시인이 될 수밖에 없었던 필연 관계였는지도 모르죠.

도심 속에 살아가는 현대인에게 TV화면의 근접으로 점점 정신이 황폐화되어가고 있는 상황에서, 탐석은 아침 일찍 일어나 수석에 물을 뿌리다 보면 돌의 발자국 소리와 때로는 돌과 대화도 나눌 수 있습니다. 그러나 지금은 탐석 돌도 없을뿐더러 자연은 제자리에 있을 때 가장 아름다운 법, 길가에 뒹구는 돌덩이 하나, 풀 한 포기, 강가에 놓여 있는 돌 하나 모두 내 것이 아닌 자연의 것이요, 그래서 대부분 자연에 돌려주고 시작 활동에 충실하고 있습니다.

12. 아름다운 보석도 원석은…

시 제목과 퇴고推敲에 대해서는 많은 분들이 가장 신중히 여기는 부분입니다. 선배님의 경우 시 제목 정하기와 퇴고는 어떻게 하시는지요?

시를 쓰든 산문을 쓰든 아니 대부분 모든 예술가들은 자기만의 특징과 개성으로 창작활동을 하고 있습니다. 이를 똑같은 형식으로 강요할 수도 또 같아서도 안 됩니다. 시 쓰기, 아니 모든 예술들에 있어서 어느 부분이 더 중요하고 덜 중요하고는 있을 수 없다고 봅니다. 다만 제목 정하기에 있어 똑같은 형식의 제목이라면 상품이나 제품이지 창작이라 볼 수가 없다는 거죠. 저는 제목을 굉장히 중요하게 생각합니다. 한 편의 시에 30% 정도의 비중을 두고 제목을 생각합니다. 시 제목을 정할 때는 우선 독자들로 하여금 빠져들도록 '흡인력'이 있어야 합니다. 때로는 잘 완성된 시도 시 제목을 잘못 정해 긴장감이 떨어지고 밋밋해지기 쉽습니다. 영화도 그렇고 소설도 그렇지 않습니까. 제목으로 실패하거나 성공한 영화나 소설들이 수없이 많습니다. 그렇다고 시 내용도 없이 시 제목 정하기에 너무 시력을 소모한다면 그것도 아니죠?

퇴고 역시 마찬가지입니다. 러시아에서 가장 아름다운 문장의 교본이라 할 수 있는 투르게네프는 어느 작품이든지 쓴 뒤에 바로 발표하지 않고 서랍 속에 넣어 두고 석 달에 한 번씩 퇴고를 했다는 일화는 너무나 유명합니다. 소동파 또한 「적벽부赤壁賦」를 쓸 때, 초고만도 한 삼태기가 쌓일 정도로 퇴고를 많이 했었고, 톨스토이 또한 작품을 쓸 때, 한 장을 열두 번이고 고쳐 썼다고 합니다. 국내 작가 중에서도 이외수 선생님이나 박목월 시인의 퇴고 방법도 소문나 있지 않습니까? 동서고금東西古今을 통해 명문장 치고 퇴고에 애쓴 일화가 없는 작가는 없을 것입니다.

물론 천재적인 작가에서 나온 명문장도 없다고 볼 수 없지만 아무리 아름다운 보석도 원석은 보잘것없습니다. 빛나는 보석을 만들기 위해 수백 수천 번씩 갈고 연마하여 세상에 내놓을 때 비로소 찬란한 한 점의 보석이 되지 않을까 생각합니다. 일부 사람들은 퇴고를 적게 하는 것이 자신의 천재성을 입증하는 것인 양 교만에 빠진 사람들도 있지만 예술은 요행이 있을 수 없습니다. 하루를 살기 위해 스무 번 이상 허물을 벗고 천 일을 기다리는 하루살이도 있습니다. 시 제목 정하기와 퇴고의 중요성은 몇 번을 강조해도 지나치지 않다고 봅니다. 저 역시 아직은 먼 느낌입니다. 많이 반성하고 깊이 뉘우칠 부분입니다.

13. 그리고 마무리

오늘 선배님을 이렇게 뵙게 된 것은 다섯 번째 시집 『비토섬 그곳에』의 출간 때문인데요, 지금까지 관례적으로 시집 뒤에 평론 또는 발문 그리고 작자의 후기를 쓴 시집이 대부분인데 이렇게 대담 형식으로 발문이나 평론을 대체하고자 했던 의도는 어디에 있습니까?

이번 시집도 또한 일 년 넘게 가방에 넣고 다닌 것도 시를 미완성해서가 아니라 이러한 문제 때문이었습니다. 우리 문단 아니 발간되는 시집들이 천편일률적으로 문학평론가나 지명도 있는 시인들의 평론 또는 발문을 정해진 법률처럼 넣어 시집을 발간하는데, 저는 이런 형태의 출판에 대해 다소 불만을 가지고 있었습니다. 어쩌면 이러한 것이야말로 그 시인의 육성과 인간적인 면을 알 수 있는 기회를 박탈해 버리는 것이 아닌가 싶어 그 동안 많은 아쉬움이 남았습니다.

그리고 시인에 대하여 정확히 알지 못하고 시를 평가한다는 것도 문제지만, 그런 시에 모두 칭찬 일색이거나 억지 평론을 하니 평론의 의미마저 없는 것이 아닐까 생각했습니다. 평론가가 시를 읽지 않고 시인 또한 평론가를 대하는 태도가 인색한 요즘, 세상에 경력이 일천한 제가 이러한 방법으로 시집을 출간하는 것이 위험한 발상이 될지 몰라 망설이고 있던 중, 벌써 이런 형태의 시집을 몇 분이 출간했더군요? 역시 좋은 정보와 아이디어는 적시성이 있어야 된다는 걸 알았습니다. 벌써 한 발 늦어 많이 아쉽네요.(웃음)

장시간 시간 내주셔서 감사합니다. 선배님의 시 원고를 보면서 저도 하루 빨리 시집을 내고 싶네요. 마지막으로 선배님의 인생관에 대해 말씀해 주십시오.

어디를 가든 제 책상 위에는 '梅一生寒不賣香(매일생한불매향)'을 적어 놓습니다. "매화는 일생을 춥게 살아도 향기를 팔지 않는다"라는 의미입니다. 결코 제 삶을 구걸하거나 자존심을 팔지는 않습니다. 그렇다고 자본주의 사회에서 경제력을 무시한다는 것은 아닙니다. 어떤 사람은 일생의 성패를 얼마나 재산을 가지고 있는가로 판단하는 사람도 있습니다. 하지만 자본의 힘이 아니더라도 얼마든지 세상을 풍요로운 마음으로 살 수 있습니다. 물질문명이 발달되어 갈수록 정신문명은 점점 황폐화되어 가는 세상에 이러한 시심詩心으로 사는 것도 하나의 복된 삶인지도 모르죠.

한 편의 아름다운 시는 사람의 마음을 따뜻하게 데워줍니다. 앞으로 남은 삶도 그러한 마음으로 살고 싶습니다. 진정한 행복은 크고 오랫동안 지속되는 것이 아니라 사소하고 작은 것들이 모아져 결실을 맺는 것이 아닌가 생각합니다.

오늘 자리를 같이해 준 김미선 시인도 수고 많았습니다. 김 시인도 학업 때문에 잠시 싸두었던 시 보따리를 푸셔야지요. 정말 좋은 시를 쓸 수 있을 것입니다.(웃음) 감사합니다.

추천글

자연과 세상을 향한 사랑노래

류 명 선
(시인)

김정호 시인의 시는 일상의 삶과 자연 속에서 있는 그대로의 모습을 잘 담아내고 있다. 자연과 참선 속에서 희망을 찾아 먼 길을 떠나는 방랑자처럼 순수함 그 자체이기에 결코 독자를 힘들게 하거나 기만하지 않고 모두 함께 즐거워하며 공감하는 시이다. 그렇다고 삶을 구걸하거나 자존심 또한 절대 팔지 않는다. 그래서 그의 시는 언어를 도리질하여 화려하게 포장하지는 않지만 남녀노소 할 것 없이 누가 읽어도 편안하고 시의 참 모습을 잘 드러내 주고 있다.

자연과 세상을 향한 애절한 사랑과 서정은 우리들 가슴속에 영원히 잔잔한 물결로 남아 감동을 줄 것이다. 앞으로 큰 시인으로 거듭 태어나길 진심으로 기원한다.

시인 김정호/ 金正浩
1961년 전남 화순 출생
계간 『시의 나라』로 등단
시집 『바다를 넣고 잠든다』 『추억이 비어 있다』 『억새는 파도를 꿈꾼다』
『상처 아닌 꽃은 없다』 등이 있음

E-mail: kjho1411@hanmail.net

비토섬 그곳에

지은이 | 김정호
펴낸이 | 설보혜
펴낸곳 | Poetics 시학
1판1쇄 | 2009년 11월 10일
출판등록 | 2003년 4월 3일
주소 | 서울 종로구 명륜동1가 42
전화 | 744-0110
FAX | 3672-2674

값 8,000원

ISBN 978-89-91914-73-5 03810